© 1981 by
Fabula Verlag · Bad Aibling
ISBN 3-88539-108-2

Wachet auf

Kanon zu 2 Stimmen
Worte und Weise: Johann Jakob Wachsmann

Wa-chet auf, wa-chet auf, es kräh-te der Hahn, die Son-ne be-tritt ih-re gol-de-ne Bahn.

Morgenstern der finstren Nacht

Worte: Angelus Silesius
Weise: Georg Joseph

1. Morgenstern der finstren Nacht, der die Welt voll Freuden macht! Jesu mein,

komm herein, leucht in meines Herzens Schrein, leucht in meines Herzens Schrein!

2. Schau, dein Himmel ist in mir,
er begehrt dich, seine Zier.
Säum dich nicht, o mein Licht,
komm, komm, eh der Tag anbricht!

3. Deines Glanzes Herrlichkeit
übertrifft die Sonne weit.
Du allein, Jesu mein,
bist, was tausend Sonnen sein.

4. Du erleuchtest alles gar,
was jetzt ist und kommt und war.
Voller Pracht wird die Nacht,
weil dein Glanz sie angelacht.

5. Deinem freudenreichen Strahl
wird gedienet überall:
schönster Stern, weit und fern
ehrt man dich wie Gott den Herrn.

6. Ei du, güldnes Seelen Licht,
komm herein und säum dich nicht!
Komm herein, Jesu mein,
leucht in meines Herzens Schrein!

Singt dem Herren

Worte und Weise: Michael Praetorius

Kanon zu 5 Stimmen

Singt dem Her-ren, sin-get ihm und ju-bi-lie-ret al-le-samt in die-ser Mor-gen-stun-de! Kom-met her-bei und dan-ket ihm!

Bruder Jakob

Worte und Weise: volkstümlich aus Frankreich

Kanon zu 4 Stimmen

Bru-der Ja-kob, Bru-der Ja-kob! Schläfst du noch? Schläfst du noch? Hörst du nicht die Glok-ken, hörst du nicht die Glok-ken? Ding dang dong, ding dang dong!

Fünf Engelein haben g'sungen

Worte und Weise: volkstümlich

Fünf En-ge-lein ha-ben g'sun-gen, fünf En-ge-lein kommen g'sprun-gen,
's er-ste bläst das Feu-er an, 's zwei-te stellt das Pfänn-chen dran,
's drit-te schüt-tet's Brei-chen h'nein, 's vier-te tut brav Zuk-ker drein,
's fünf-te sagt: „'s ist an ge-richt". Iß, mein Kind-chen, brenn dich nicht.

Metallophon

durchgehend in Dudelsack-Quinten

Danket dem Herrn

Worte: aus dem Alten Testament
Weise: mündlich überliefert

Kanon zu 4 Stimmen

Dan-ket, dan-ket dem Herrn, denn er ist sehr freund-lich, sei-ne Güt und Wahr-heit wäh-ret e-wig-lich.

Bin so froh vom Schlaf erwacht

Worte und Weise: Victor v. Blüthgen

Bin so froh vom Schlaf er-wacht, Got-tes Sonn vom Him-mel lacht.
And-re Mü-de hüllt nun ein Mon-den-nacht und Ster-nen-schein.

Steht auf, ihr lieben Kinderlein

Worte: Erasmus Alber
Weise: Nikolaus Herman

Steht auf, ihr lie-ben Kin-der-lein! Der Mor-gen-stern mit hel-lem Schein läßt
sich frei se-hen als ein Held und leuch-tet durch die gan-ze Welt.

Wachet auf, ruft uns die Stimme

Worte und Weise: Philipp Nicolai

Wa-chet auf, ruft uns die Stim - me, der Wäch - ter
Mit-ter - nacht heißt die-se Stun - de; sie ru - fen
sehr hoch auf der Zin - ne, wach auf, du Stadt Je -
uns mit hel - lem Mun - de: Wo seid ihr klu - gen
ru - sa - lem! Wohl auf, der Bräut'-gam kommt, steht auf, die
Jung-frau - en?
Lam - pen nehmt! Al - le - lu - ja! Macht euch be -
reit zu der Hoch - zeit! Ihr müs - set ihm ent - ge - gen - gehn.

Morgens früh um sechs

Worte und Weise: volkstümlich

1.–6. Morgens früh um sechs kommt die kleine Hex.

7. Frö-sche-bein und Krebs und Fisch, hurtig, Kinder, kommt zu Tisch!

2. Morgens früh um sieb'n
schabt sie gelbe Rüb'n.

3. Morgens früh um acht
wird Kaffee gemacht.

4. Morgens früh um neun
geht sie in die Scheun'.

5. Morgens früh um zehn
holt sie Holz und Spän'.

6. Feuert an um elf,
kocht dann bis um zwölf.

Erwacht, ihr Schläfer drinnen

Weise: J. G. Ferrari

Kanon zu 3 Stimmen

Er-wacht, ihr Schlä-fer drin-nen! Der Kuk-kuck hat ge-schrien, hoch auf des Ber-ges Zin-nen seht ihr die Sonn er-glühn! Er-wa-chet, er-wachet, der Kuckuck ru-fet laut. Kuk-kuck, Kuk-kuck, er-wa-chet.

Früh, wenn der Bock schreit

Kanon — Volkstümlich

Früh, wenn der Bock schreit: mäh - ri - di - mäh, mäh - ri - di - mäh, mäh - ri - di - mäh,
schreit auch die Zie - ge: mäh - ri - di - mäh, mäh - ri - di - mäh, mäh - ri - di - mäh,
schrein al - le bei - de: mäh - ri - di - mäh, mäh - ri - di - mäh, mäh - ri - di - mäh.

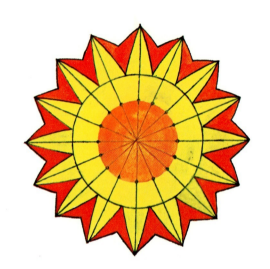

Die güldne Sonne

Worte: Paul Gerhardt
Weise: Johann Georg Ebeling

1. Die güld - ne Son - ne, voll Freud und Won - ne, bringt un - sern Gren - zen mit ih - rem Glän - zen ein herz - er - quik - ken - des, lieb - li - ches Licht.

Mein Haupt und Glie - der, die la - gen dar - nie - der; a - ber nun steh ich, bin

munter und fröhlich, schaue den Himmel mit meinem Gesicht.

2. Abend und Morgen sind seine Sorgen;
segnen und mehren, Unglück verwehren
sind seine Werke und Taten allein.
Wenn wir uns legen, so ist er zugegen;
wenn wir aufstehen, so läßt er aufgehen
über uns seiner Barmherzigkeit Schein.

3. Alles vergehet; Gott aber stehet
ohn alles Wanken; seine Gedanken,
sein Wort und Wille hat ewigen Grund.
Sein Heil und Gnaden, die nehmen nicht Schaden,
heilen im Herzen die tödlichen Schmerzen,
halten uns zeitlich und ewig gesund.

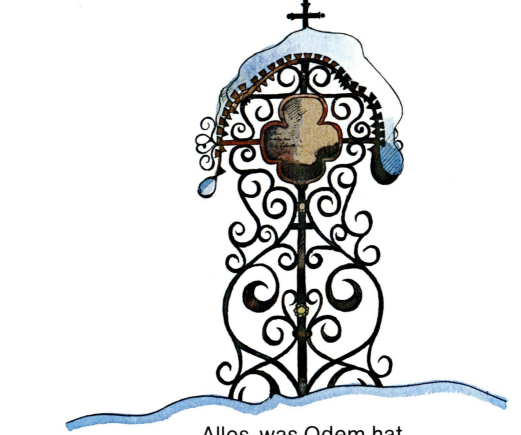

Alles, was Odem hat

Alles, was Odem hat, lobe den Herrn, freuet euch seiner und dienet ihm gern! Lobet, lobet, lobet den Herrn!

Fruh, des Morgens fruh

Worte und Weise:
aus dem Schwarzwald

1. Fruh, fruh, des Morgens fruh hab ich kein Rast und Ruh, gleich wenn ich vom Schlaf erwach, geh ich dem Wildbret nach in den grünen Wald.

2. Als ich in den Wald nein kam,
stellt ich mich hintern Tannenbaum.
Kommt gleich ein Has daher,
fragt, ob ich der Jäger wär
in dem grünen Wald.

3. Ei, du mein lieber Has,
treib du mit mir keinen Spaß,
denn ich hab ein eigen Gschütz,
eine nagelneue Kugelbüchs,
trifft als wie der Blitz.

4. Und ich hab's geschossen
und ich hab's getroffen;
ein Has, ein Hirschelein,
ein Reh, ein wildes Schwein
soll verbleiben mein.

5. Hoch auf der Felsenspitz,
da hab ich meinen Sitz,
zieh mein Waldhörnlein raus,
spiel viele Stücklein drauf,
daß es weithin schallt.

Die helle Sonn leucht jetzt herfür

Worte: Nikolaus Herman
Weise: Melchior Vulpius

1. Die helle Sonn leucht jetzt herfür, fröhlich vom Schlaf aufstehen wir; Gott Lob, der uns in dieser Nacht behüt hat vor des Teufels Macht!

2. Herr Christ, den Tag uns auch behüt
vor Sünd und Schand durch deine Güt
und laß die lieben Engel dein
uns Hüter heut und Wächter sein.

3. Daß unser Herz im G'horsam leb,
dei'm Wort und Will'n nicht widerstreb,
daß wir dich stets vor Augen han
in allem, was wir fangen an.

4. Laß unser Werk geraten wohl,
was jeder heut ausrichten soll,
daß unsre Arbeit, Müh und Fleiß
gereich zu deinem Lob und Preis.

In Gottes Namen fang ich an

Worte: Salomo Liscow
Weise: aus Klugs Gesangbuch

1. In Gottes Namen fang ich an, was mir zu tun gebühret,
mit Gott wird alles wohlgetan und glücklich ausgeführet.
Was man in Gottes Namen tut, ist allenthalben recht und gut und kann uns auch gedeihen.

2. Drum komm, Herr Jesu, stärke mich,
hilf mir in meinen Werken,
laß du mit deiner Gnade dich
bei meiner Arbeit merken,
gib dein Gedeihen selbst dazu,
daß ich in allem, was ich tu,
ererbe deinen Segen.

Lobe den Herren

Worte: Joachim Neander
Weise: aus Stralsund

1. Lobe den Herren, den mächtigen König der Ehren;
meine geliebete Seele, das ist mein Begehren.
Kommet zuhauf; Psalter und Harfe, wacht auf.
Lasset den Lobgesang hören.

2. Lobe den Herren, der alles so herrlich regieret,
der dich auf Adelers Fittichen sicher geführet,
der dich erhält, wie es dir selber gefällt.
Hast du nicht dieses verspüret?

3. Lobe den Herren, der künstlich und fein dich bereitet,
der dir Gesundheit verliehen, dich freundlich geleitet.
In wieviel Not hat nicht der gnädige Gott
über dir Flügel gebreitet!

4. Lobe den Herren, was in mir ist, lobe den Namen.
Lob ihn mit allen, die seine Verheißung bekamen.
Er ist dein Licht; Seele, vergiß es ja nicht.
Lob ihn in Ewigkeit. Amen.

Kein Hälmlein wächst auf Erden

Worte und Weise: Emil Brachvogel

2. Wenn du auch tief beklommen in Waldesnacht allein,
einst wird von Gott dir kommen dein Tau und Sonnenschein.

3. Dann sproßt, was dir indessen als Keim im Herzen lag.
So ist kein Ding vergessen, ihm kommt ein Blumentag.

Wenn ich ein Vöglein wär

Worte: aus „Des Knaben Wunderhorn"
Weise: Joh. Friedr. Reichardt

1. Wenn ich ein Vög-lein wär und auch zwei Flü-gel hätt, flög ich zu dir.

Weil's a-ber nicht kann sein, weil's a-ber nicht kann sein, bleib ich all - hier.

2. Bin ich gleich weit von dir,
bin ich doch im Schlaf bei dir
und red mit dir.
Wenn ich erwachen tu,
bin ich allein.

3. Es vergeht kein Stund in der Nacht,
da nicht mein Herz erwacht
und dein gedenkt,
daß du mir viel tausendmal
dein Herz geschenkt.

Froh zu sein

Kanon zu 4 Stimmen — Volkstümlich

Froh zu sein, be - darf es we - nig, und wer froh ist, ist ein Kö - nig.

Eisenbahn, fahre nicht so schnell davon

Worte und Weise: volkstümlich

Ei - sen - bahn, Ei - sen - bahn, fah - re nicht so schnell da - von! Nimm mich mit! Nimm mich mit! Nimm mich mit!

Pentatonisch C, improvisieren mit:

Ha! ha! ha!

Lachkanon von Luigi Cherubini

Ha! ha! ha! ha! ha! ha! ha! ha! ha! Un-sern Ju-bel ruft das E-cho uns zu-rück. Laßt uns fröh-lich sein und la-chen, denn nicht e-wig währt das Glück!

Hopp, hopp, hopp

Worte: Karl Hahn
Weise: Karl G. Gering

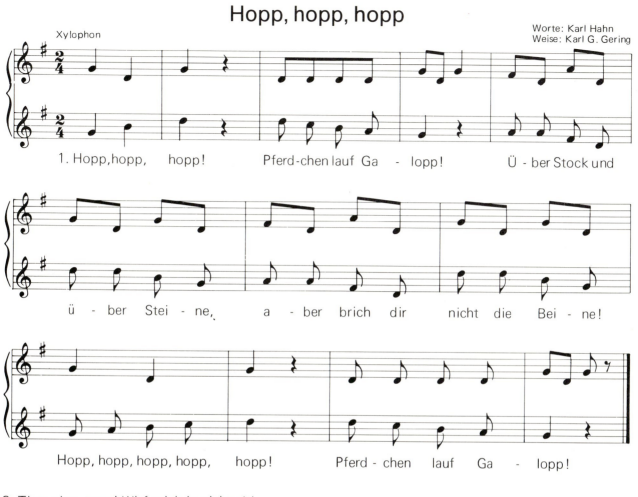

1. Hopp, hopp, hopp! Pferdchen lauf Galopp! Über Stock und über Steine, aber brich dir nicht die Beine! Hopp, hopp, hopp, hopp, hopp! Pferdchen lauf Galopp!

2. Tipp, tipp, tapp! Wirf mich ja nicht ab!
Sonst bekommst du Peitschenhiebe,
Pferdchen tu mir's ja zu liebe,
wirf mich nur nicht ab!
Tippti, tippti, tapp.

3. Ha ha ha! Juch, nun sind wir da!
Diener, Diener, liebe Mutter!
Findet auch das Pferdchen Futter?
Juch, nun sind wir da!
Ha, ha, ha, ha, ha!

4. Brr, Brr, he! Pferdchen steh doch, steh!
Sollst schon heute weiterspringen,
muß dir nur erst Futter bringen.
Steh doch, Pferdchen, steh!
Brr, brr, brr, brr, he!

Backe, backe Kuchen

Xylophon

Worte und Weise: volkstümlich

Bak-ke, bak-ke Ku-chen, der Bäk-ker hat ge-ru-fen! Wer will gu-ten Kuchen bak-ken, der muß ha-ben sie-ben Sa-chen: Ei-er und Schmalz, Butter und Salz,

Was macht der Fuhrmann?

Worte und Weise: volkstümlich aus Westfalen

1. Was macht der Fuhrmann? Der Fuhrmann spannt den Wagen an, die Pferde ziehn, die Peitsche knallt, daß laut es durch die Straßen hallt. He, Fuhrmann, he, he, he, holla he.

2. Er kam zum Fährmann:
„Ich fahr euch nicht, Gevattersmann,
gebt ihr mir nicht aus jeder Kist
ein Stück von dem, was drinnen ist."
He, Fährmann, he, he, he, holla he.

3. „Ja", sprach der Fuhrmann.
Und als sie kamen drüben an,
da öffnet er die Kist'n geschwind,
da war nichts drin als lauter Wind.
He, Fuhrmann, he, he, he, holla he.

C-a-f-f-e-e

Worte und Weise: Karl Gottlieb Hering

C-a-f-f-e-e, trink nicht so viel Caffee, nicht für Kinder ist der Türkentrank, schwächt die Nerven, macht dich blaß und krank, sei doch kein Muselmann, der ihn nicht lassen kann.

Knusper, knusper, Knäuschen

Volkstümlich

Knusper, knusper, Knäuschen, wer knuspert an mein' Häuschen? Der Wind, der Wind, das himmlische Kind.

Der Schornsteinfeger

Worte und Weise: volkstümlich in Berlin

1. Wenn ich morgens früh aufstehe und nach meiner Arbeit sehe, schau ich hin und schau ich her, ob noch was zu kehren wär.
2. Mein Gesicht ist schwarz wie Kohle von dem Scheitel bis zur Sohle, und mein Herz ist frisch und frei, liebt die Schornstein-fegerei.

Wer die Gans gestohlen hat

Volkstümlich

Wer die Gans gestohlen hat, der ist ein Dieb, der ist ein Dieb; wer sie aber wiederbringt, den hab ich lieb.
Da steht der Gänsedieb, da steht der Gänsedieb,
den hat kein Mensch mehr lieb, den hat kein Mensch mehr lieb.

Fuchs, du hast die Gans gestohlen

Worte: Ernst Anschütz
Weise: volkstümlich

1. Fuchs, du hast die Gans ge-stoh-len, gib sie wie-der her,___ gib sie wie-der

her,___ sonst wird dich der Jä-ger ho-len mit dem Schießge-wehr,___

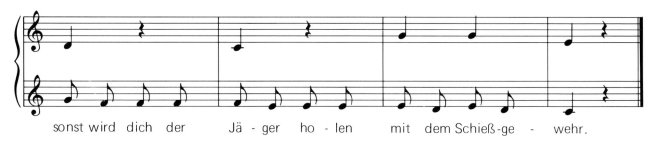

sonst wird dich der Jä-ger ho-len mit dem Schieß-ge-wehr.

2. Seine große lange Flinte
schießt auf dich den Schrot;
daß dich färbt die rote Tinte,
und dann bist du tot.

3. Liebes Füchslein, laß dir raten,
sei doch nur kein Dieb;
nimm, du brauchst nicht Gänsebraten,
mit der Maus vorlieb.

Das Fröschlein in dem Teiche hüpft

Volkstümlich

Das Frösch-lein in dem Tei-che hüpft, qua, qua, qua, qua, qua, qua. Gib

acht, daß es dir nicht ent-schlüpft, qua, qua, qua, qua, qua, qua.

Auf einem Baum ein Kuckuck saß

Xylophon
Volksweise aus dem Bergischen

1. Auf einem Baum ein Kuk-kuck, sim-sa-la-dim, bam-ba, sa-la-

du, sa-la-dim, auf ei-nem Baum ein Kuk-kuck saß.

2. Da kam ein junger Jägers ... mann.
3. Der schoß den armen Kuckuck ... tot.
4. Und als ein Jahr vergangen ... war,
5. da war der Kuckuck wieder ... da.

25

Kommt ein Vogel geflogen

1. Kommt ein Vogel geflogen, setzt sich nieder auf mein Fuß, hat ein Zettel im Schnabel, von der Mutter ein Gruß.

2. Lieber Vogel, flieg weiter,
nimm ein Gruß mit und ein Kuß,
denn ich kann dich nicht begleiten,
weil ich hierbleiben muß.

Ein Vogel wollte Hochzeit machen

Worte und Weise: volkstümlich aus Schlesien

1. Ein Vogel wollte Hochzeit machen in dem grünen Walde. Fidiralala, fidiralala, fidiralalalala!

2. Die Drossel war der Bräutigam, die Amsel war die Braute.

3. Die Lerche, die Lerche, die führt die Braut zur Kerche.

4. Der Auerhahn, der Auerhahn, der war der Küster und Kaplan.

5. Die Meise, die Meise, die sang das Kyrieleise.

6. Die Gänse und die Anten, das warn die Musikanten.

7. Brautmutter war die Eule, nahm Abschied mit Geheule.

Mäh, Lämmchen, mäh

Worte: aus „Des Knaben Wunderhorn"
Weise: volkstümlich aus Niedersachsen

1.-2. Mäh, Lämmchen, mäh, das Lämmchen lief im Klee,
1. da stieß es an ein Steinichen, da tat ihm weh sein Beinichen, da schrie das Lämmchen mäh!
2. da stieß es an ein Sträuchelchen, da tat ihm weh sein Bäuchelchen, da schrie das Lämmchen mäh!

Pentatonisch G, improvisieren mit:

Mein Hut, der hat drei Ecken

Melodie: Neapolitanische Canzonetta „O cara mamma mia"

Mein Hut, der hat drei Ek-ken, drei Ek-ken hat mein Hut, und hat er nicht drei Ek-ken, dann ist es nicht mein Hut. Mein Hut, der hat drei Ek-ken, drei Ek-ken hat mein Hut, und hat er nicht drei Ek-ken, dann ist es auch nicht mein Hut.

Eia popeia, was raschelt im Stroh

Worte: aus „Des Knaben Wunderhorn"
Weise: volkstümlich

1. Ei-a po-pei-a, was ra-schelt im Stroh? Die Gäns-lein ge-hen

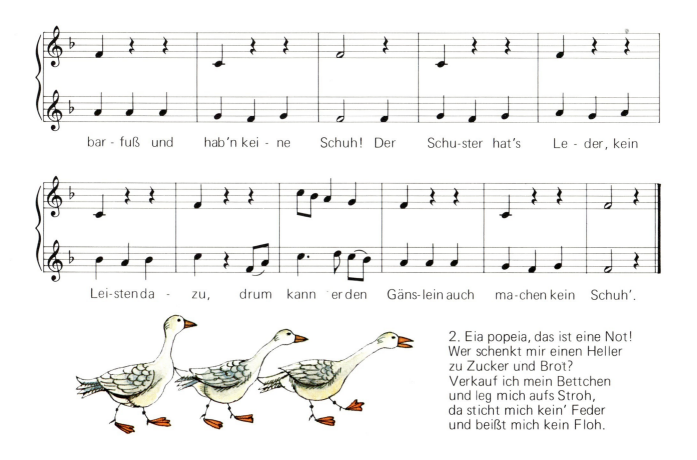

bar-fuß und hab'n kei-ne Schuh! Der Schu-ster hat's Le-der, kein Lei-sten da-zu, drum kann er den Gäns-lein auch ma-chen kein Schuh'.

2. Eia popeia, das ist eine Not!
Wer schenkt mir einen Heller
zu Zucker und Brot?
Verkauf ich mein Bettchen
und leg mich aufs Stroh,
da sticht mich kein' Feder
und beißt mich kein Floh.

Pumpernickels Hänschen

Metallophon Worte und Weise: volkstümlich

Pum-per-nik-kels Häns-chen saß hin-term O-fen und schlief, da brann-ten sei-ne Hös-chen an, potz-tau-send, wie er lief.

Ringlein, Ringlein, du mußt wandern

Glockenspiel Volkstümlich

Ring-lein, Ring-lein, du mußt wan-dern von dem ei-nen zu dem an-dern.
Das ist hübsch. Das ist schön. Laß das Ring-lein nur nicht sehn.

Frau Schwalbe ist 'ne Schwätzerin

Worte: G. Chr. Dieffenbach
Weise: E. U. Kern

1. Frau Schwal-be ist 'ne Schwät-ze-rin, sie schwatzt den gan-zen Tag, sie plau-dert mit der Nach-ba-rin, so-viel sie plau-dern mag; das zwit-schert, das zwat-schert den lie-ben lan-gen Tag, das Tag.

2. Sie schwatzt von ihren Eiern viel,
von ihren Kindern klein,
und wenn sie niemand hören will,
schwatzt sie für sich allein;
das zwitschert, das zwatschert
und kann nicht stille sein.

3. Hält sie im Herbst Gesellschaft gar
auf jenem Dache dort,
so schwatzen die Frau Schwalben all
erst recht in einem fort;
das zwitschert, das zwatschert,
und man versteht kein Wort.

Ich ging im Walde so für mich hin

Worte: Johann Wolfgang Goethe
Weise: volkstümlich

1. Ich ging im Walde so für mich hin, und nichts zu suchen, und nichts zu suchen, das war mein Sinn, das war mein Sinn.

2. Im Schatten sah ich ein Blümlein stehn,
wie Sterne leuchtend,
wie Äuglein schön.

3. Ich wollt es brechen, da sagt es fein:
Soll ich zum Welken
gebrochen sein?

4. Ich grub's mit allen den Würzlein aus,
zum Garten trug ich's
am hübschen Haus.

5. Und pflanzt es wieder am stillen Ort,
nun zweigt es immer
und blüht so fort.

Bei einem Wirte wundermild

Worte: Ludwig Uhland
Weise: volkstümlich

1. Bei einem Wirte wundermild, da war ich jüngst zu Gaste, ein goldner Apfel war sein Schild an einem langen Aste.

2. Es war der gute Apfelbaum,
bei dem ich eingekehret;
mit süßer Kost und frischem Schaum
hat er mich wohlgenähret.

3. Es kamen in sein grünes Haus
viel leicht beschwingte Gäste,
sie sprangen frei und hielten Schmaus
und sangen auf das beste.

4. Ich fand ein Bett zu süßer Ruh
auf weichen grünen Matten.
Der Wirt, der deckte selbst mich zu
mit seinem kühlen Schatten.

5. Nun fragt ich nach der Schuldigkeit,
da schüttelt er den Wipfel.
Gesegnet sei er allezeit
von der Wurzel bis zum Gipfel.

Zwischen Berg und tiefem, tiefem Tal

Volkstümlich aus Hessen

1. Zwischen Berg und tiefem, tiefem Tal saßen einst zwei Hasen, fraßen ab das grüne, grüne Gras, fraßen ab das grüne, grüne Gras bis auf den Rasen.

2. Als sie satt gefressen, fressen war'n,
setzten sie sich nieder,
bis daß der Jäger, Jäger kam
und schoß sie nieder.

3. Als sie sich nun aufgesammelt hatt'n
und sie sich besannen,
daß sie noch am Leben, Leben war'n,
liefen sie von dannen.

Trara, das tönt wie Jagdgesang

Summ, summ, summ, Bienchen

Worte: Hoffmann von Fallersleben
Weise: volkstümlich aus Böhmen

2. Summ, summ, summ, Bienchen, summ herum.
Kehre heim mit reicher Habe,
bau uns manche volle Wabe.
Summ, summ, summ, Bienchen, summ herum!

Wer will fleißige Handwerker sehn

Volkstümliches Spiellied

1.-4. Wer will flei - ßi - ge Hand-wer-ker sehn, der muß zu uns Kin-dern gehn.

1. Stein auf Stein, Stein auf Stein, das Häus-chen wird bald fer - tig sein.

Glockenspiel

2. O wie fein, o wie fein,
der Glaser setzt die Scheiben ein.

3. Tauchet ein, tauchet ein,
der Maler streicht die Wände fein.

4. Zisch zisch zisch, zisch zisch zisch,
der Tischler hobelt glatt den Tisch.

Bim, bam, beier

Worte: aus „Des Knaben Wunderhorn"
Weise: Erk's Liederhort

Bim, bam, bei - er, die Katz' mag kei - ne Ei - er. Was mag sie dann? Speck aus der Pfann': ei, die lek - ke - re Ma - dam!

Auf unsrer Wiese gehet was

Worte: Richard Löwenstein
Weise: volkstümlich

1. Auf unsrer Wiese gehet was, watet durch die Sümpfe. Es hat ein schwarz-weiß Röcklein an, trägt auch rote Strümpfe, fängt die Frösche schnapp, schnapp, schnapp, klappert lustig klap-per-di-klapp. Wer kann es erraten?

2. Ihr denkt, das ist der Klapperstorch,
watet durch die Sümpfe.
Er hat ein schwarzweiß Röcklein an,
trägt auch rote Strümpfe,
fängt die Frösche schnapp, schnapp, schnapp,
klappert lustig klapperdiklapp.
Nein, das ist Frau Störchin!

Es war eine Mutter

1. Es war ei - ne Mut - ter, die hat - te vier Kin - der: den Früh - ling, den Som - mer, den Herbst und den Win - ter.

2. Der Frühling bringt Blumen, der Sommer den Klee,
der Herbst, der bringt Trauben, der Winter den Schnee.

3. Das Klatschen, das Klatschen, das muß man verstehn,
da muß man sich dreimal im Kreise umdrehn.

Heut ist ein Fest

Heut ist ein Fest bei den Frö - schen am See, Ball und Kon - zert und ein gro - ßes Di - ner. Qua, qua, qua, qua.

Es tönen die Lieder

Es tö-nen die Lie-der, der Frühling kehrt wie-der, es spie-let der Hir-te auf sei-ner Schal-mei: la la la la la la la la la la la la la la.

Nun will der Lenz uns grüßen

1. Nun will der Lenz uns grüßen, von Mittag weht es lau; aus allen Ecken sprießen die Blumen rot und blau. Draus wob die braune Heide sich ein Gewand gar fein und lädt im Festtagskleide zum Maientanze ein.

2. Waldvöglein Lieder singen,
wie ihr sie nur begehrt.
Drum auf zum frohen Springen,
die Reis ist Goldes wert.
Hei, unter grünen Linden,
da leuchten weiße Kleid!
Heija, nun hat uns Kindern
ein End all Winterleid.

Jetzt fängt das schöne Frühjahr an

1. Jetzt fängt das schöne Frühjahr an und alles fängt zu

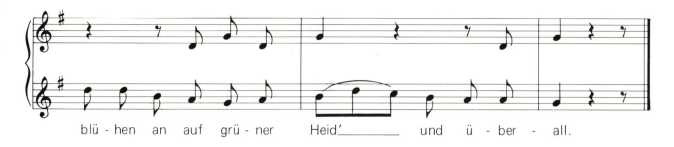

blü - hen an auf grü - ner Heid'____ und ü - ber - all.

2. Es blühen Blümlein auf dem Feld,
sie blühen weiß, blau, rot und gelb;
es gibt nichts Schöners auf der Welt.

3. Jetzt geh' ich über Berg und Tal,
da hört man schon die Nachtigall
auf grüner Heid' und überall.

Kuckuck, Kuckuck

Worte: Hoffmann von Fallersleben
Weise: aus Österreich

Xylophon

1. Kuckuck, Kuckuck ruft aus dem Wald. Las - set uns sin - gen, tan - zen und sprin - gen! Früh - ling, Früh - ling wird es nun bald.

2. Kuckuck, Kuckuck
läßt nicht sein Schrein.
Kommt in die Felder,
Wiesen und Wälder!
Frühling, Frühling,
stelle dich ein!

3. Kuckuck, Kuckuck,
trefflicher Held!
Was du gesungen,
ist dir gelungen,
Winter, Winter
räumet das Feld.

lie - ber Mai, wie ger - ne ein - mal spa - zie - ren - gehn!

2. Zwar Wintertage haben
wohl auch der Freuden viel,
man kann im Schnee eins traben
und treibt manch Abendspiel,
baut Häuserchen von Karten,
spielt Blindekuh und Pfand;
auch gibt's wohl Schlittenfahrten
aufs liebe freie Land.

3. Ach wenn's doch erst gelinder
und grüner draußen wär.
Komm, lieber Mai, wir Kinder,
wir bitten dich gar sehr!
O komm und bring vor allem
uns viele Veilchen mit,
bring auch viel Nachtigallen
und schöne Kuckucks mit.

Der Frühling hat sich eingestellt

Worte: H. Hoffmann von Fallersleben
Weise: J. Friedrich Reichardt

1. Der Früh-ling hat sich ein-ge-stellt; wohl-an, wer will ihn sehn? Der muß mit mir ins frei-e Feld, ins grü-ne Feld nun gehn.

2. Er hielt im Walde sich versteckt,
daß niemand ihn mehr sah;
ein Vöglein hat ihn aufgeweckt,
jetzt ist er wieder da.

3. Jetzt ist der Frühling wieder da;
ihm folgt, wohin er zieht,
nur lauter Freude fern und nah
und lauter Spiel und Lied.

Alle Vögel sind schon da

Worte: Hoffmann von Fallersleben
Weise: volkstümlich aus Schlesien

1. Al - le Vö - gel sind schon da, al - le Vö - gel, al - le.
Welch ein Sin - gen, Mu - si - zier'n, Pfei - fen, Zwit - schern, Ti - ri - lier'n:
Früh - ling will nun ein - mar - schier'n, kommt mit Sang und Schal - le.

2. Wie sie alle lustig sind,
flink und froh sich regen.
Amsel, Drossel, Fink und Star
und die ganze Vogelschar
wünschen uns ein frohes Jahr,
lauter Heil und Segen.

3. Was sie uns verkünden nun,
nehmen wir zu Herzen:
Wir auch wollen lustig sein,
lustig wie die Vögelein
hier und dort, feldaus, feldein,
singen, springen, scherzen.

Der Kuckuck und der Esel

2. Der Kuckuck sprach: „Das kann ich!"
und fing gleich an zu schrein.
Ich aber kann es besser, ich aber kann es besser,
fiel gleich der Esel ein, fiel gleich der Esel ein.

3. Das klang so schön und lieblich,
so schön von fern und nah.
Sie sangen alle beide, sie sangen alle beide:
„Kuckuck, kuckuck, ia, kuckuck, kuckuck, ia."

Der Mai ist gekommen

Worte: Emanuel Geibel
Weise: Justus W. Lyra

1. Der Mai ist gekommen, die Bäume schlagen aus,
da bleibe, wer Lust hat, mit Sorgen zu Haus!
Wie die Wolken dort wandern am himmlischen Zelt,
so steht auch mir der Sinn in die weite, weite Welt.

2. Herr Vater, Frau Mutter, daß Gott euch behüt'!
Wer weiß, wo in der Ferne das Glück mir noch blüht;
es gibt so manche Straße, da nimmer ich marschiert,
es gibt so manchen Wein, den ich nimmer noch probiert.

3. Frisch auf drum, frisch auf drum im hellen Sonnenstrahl,
wohl über die Berge, wohl durch das tiefe Tal!
Die Quellen erklingen, die Bäume rauschen all,
mein Herz ist wie 'ne Lerche und stimmet ein mit Schall.

4. Und abends im Städtchen, da kehr' ich durstig ein:
„Herr Wirt, mein Herr Wirt, eine Kanne blanken Wein!
Ergreife die Fiedel, du lust'ger Spielmann du!
Von meinem Schatz das Liedel, das singe ich dazu."

5. Und find' ich kein Herberg', so lieg ich zur Nacht
wohl unterm blauen Himmel, die Sterne halten Wacht;
im Winde die Linde, die rauscht mich ein gemach,
es küsset in der Frühe das Morgenrot mich wach.

Trarira, der Sommer, der ist da!

Worte; aus der Rheinpfalz
Weise: Ludwig Erk

1. Tra-ri-ra, der Sommer, der ist da! Wir wollen in den Garten und woll'n des Sommers warten. Ja-ja-ja, der Sommer, der ist da!

2. Trarira, der Sommer, der ist da!
Wir wollen hinter die Hecken
und woll'n den Sommer wecken.
Ja - ja - ja, der Sommer, der ist da!

Bunt sind schon die Wälder

Worte: J. G. von Salis-Seewis
Weise: Joh. Fr. Reichardt

1. Bunt sind schon die Wälder, gelb die Stoppelfelder, und der Herbst beginnt. Rote Blätter fallen, graue Nebel wallen, kühler weht der Wind.

2. Wie die volle Traube
aus dem Rebenlaube
purpurfarbig strahlt!
Am Geländer reifen
Pfirsiche, mit Streifen
rot und weiß bemalt.

3. Flinke Träger springen,
und die Mädchen singen,
alles jubelt froh!
Bunte Bänder schweben
zwischen hohen Reben
auf dem Hut von Stroh.

4. Geige tönt und Flöte
bei der Abendröte
und im Mondesglanz;
junge Winzerinnen
winken und beginnen
frohen Erntetanz.

Es regnet

Worte und Weise: volkstümlich

Es regnet, wenn es regnen will, und regnet seinen Lauf, und wenn's genug geregnet hat, so hört es wieder auf.

In meinem kleinen Apfel

Worte: volkstümlich
Weise: nach W. A. Mozart

1. In meinem kleinen Apfel, da sieht es lustig aus: es sind darin fünf Stübchen grad wie in einem Haus.

2. In jedem Stübchen wohnen zwei Kernchen schwarz und fein, die liegen drin und träumen vom lieben Sonnenschein.

3. Sie träumen auch noch weiter gar einen schönen Traum, wie sie einst werden hängen am lieben Weihnachtsbaum.

Der Winter ist ein rechter Mann

Worte: Matthias Claudius
Weise: E. Humperdinck

1. Der Winter ist ein rechter Mann, kernfest und auf die Dauer; sein Fleisch fühlt sich wie Eisen an und scheut nicht süß noch sauer.

2. Aus Blumen und aus Vogelsang
weiß er sich nichts zu machen,
haßt warmen Trank und warmen Klang
und alle warmen Sachen.

3. Wenn Stein und Bein von Frost zerbricht
und Teich und Seen krachen;
das klingt ihm gut, das haßt er nicht,
dann will er tot sich lachen.

4. Sein Schloß von Eis liegt hoch hinaus
beim Nordpol an dem Strande,
doch hat er auch ein Sommerhaus
im lieben Schweizerlande.

5. Da ist er denn bald dort, bald hier,
gut Regiment zu führen,
und wenn er durchzieht, stehen wir
und sehn ihn an und frieren.

O Tannenbaum

2. O Tannenbaum, o Tannenbaum,
du kannst mir sehr gefallen!
Wie oft hat nicht zur Weihnachtszeit
ein Baum von dir mich hoch erfreut!
O Tannenbaum, o Tannenbaum,
du kannst mir sehr gefallen.

3. O Tannenbaum, o Tannenbaum,
dein Kleid will mich was lehren:
die Hoffnung und Beständigkeit
gibt Trost und Kraft zu aller Zeit.
O Tannenbaum, o Tannenbaum,
dein Kleid will mich was lehren.

Morgen, Kinder, wird's was geben

2. Wie wird dann die Stube glänzen
von der großen Lichter Zahl!
Schöner als bei frohen Tänzen
ein geputzter Kronensaal.
Wißt ihr noch, wie vor'ges Jahr
es am Heil'gen Abend war?

3. Welch ein schöner Tag ist morgen!
Neue Freude hoffen wir.
Unsre guten Eltern sorgen
lange, lange schon dafür.
O, gewiß, wer sie nicht ehrt,
ist der ganzen Lust nicht wert!

Alle Jahre wieder

Worte und Weise: volkstümlich

1. Alle Jahre wieder kommt das Christuskind auf die Erde nieder, wo wir Menschen sind.

2. Kehrt mit seinem Segen ein in jedes Haus, geht auf allen Wegen mit uns ein und aus.

3. Ist auch mir zur Seite still und unerkannt, daß es treu mich leite an der lieben Hand.

Josef, lieber Josef mein

Volkslied

1. Jo - sef, lie - ber Jo - sef mein, hilf mir wie - gen mein Kin - de - lein.
Gott, der wird dein Loh - ner sein im Himmelreich, der Jungfrau Sohn, Ma - ri - a.

Xylophon durchgehend:

2. Gerne, lieb Maria mein,
helf ich dir wiegen dein Kindelein.
Gott, der wird mein Lohner sein
im Himmelreich, der Jungfrau Sohn, Maria.

Ein sehr harter Winter ist

Kanon zu 4 Stimmen

Worte und Weise: Karl G. Hering

Ein sehr har - ter Win - ter ist, wenn ein Wolf, ein Wolf, ein Wolf den an - dern frißt.

Wer recht in Freuden wandern will

Worte: Emanuel Geibel
Weise: volkstümlich

1. Wer recht in Freuden wandern will, der geh' der Sonn entgegen; da ist der Wald so kirchenstill, kein Lüftchen mag sich regen. Noch sind nicht die Lerchen wach, nur im hohen Gras der Bach singt leise den Morgensegen.

2. Die ganze Welt ist wie ein Buch,
darin uns aufgeschrieben
in bunten Zeilen manch ein Spruch,
wie Gott uns treu geblieben.
Wald und Blumen nah und fern
und der helle Morgenstern
sind Zeugen von seinem Lieben.

3. Da zieht die Andacht wie ein Hauch
durch alle Sinne leise,
da pocht ans Herz die Liebe auch
in ihrer stillen Weise;
pocht und pocht, bis sich's erschließt
und die Lippe überfließt
von lautem, jubelndem Preise.

4. Und plötzlich läßt die Nachtigall
im Busch ihr Lied erklingen,
in Berg und Tal erwacht der Schall
und will sich aufwärts schwingen;
und der Morgenröte Schein
stimmt in lichter Glut mit ein:
Laßt uns dem Herrn lobsingen!

Im Frühtau zu Berge

Xylophon
Volkweise aus Schweden

1. Im Früh-tau zu Ber-ge wir gehn, fal-le-ra, es grü-nen die Wäl-der, die Höhn, fal-le-ra. Wir

wan-dern oh-ne Sor-gen sin-gend in den Mor-gen, noch eh im Ta-le die Häh-ne krähn.

2. Ihr alten und hochweisen Leut, fallera,
ihr denkt wohl, wir sind nicht gescheit, fallera.
Wer sollte aber singen,
wenn wir schon Grillen fingen
in dieser herrlichen Frühlingszeit?

3. Werft ab alle Sorgen und Qual, fallera,
und wandert mit uns aus dem Tal, fallera.
Wir sind hinaus gegangen,
den Sonnenschein zu fangen.
Kommt mit und versucht es auch selbst einmal!

Das Wandern ist des Müllers Lust

Worte: Wilhelm Müller
Weise: Karl Fr. Zöllner

1. Das Wandern ist des Müllers Lust, das Wandern ist des Müllers Lust, das Wandern! Das muß ein schlechter Müller sein, dem niemals fiel das Wandern ein, dem niemals fiel das Wandern ein, das Wandern, Wandern, das Wandern, das Wandern, das Wandern, das Wandern.

2. Vom Wasser haben wir's gelernt,
vom Wasser haben wir's gelernt, vom Wasser.
Das hat nicht Ruh' bei Tag und Nacht,
ist stets auf Wanderschaft bedacht,
ist stets auf Wanderschaft bedacht, das Wasser.

3. Das sehn wir auch den Rädern ab,
das sehn wir auch den Rädern ab, den Rädern.
Die gar nicht gerne stille stehn
und sich am Tag nicht müde drehn,
und sich am Tag nicht müde drehn, die Räder.

4. Die Steine selbst, so schwer sie sind,
die Steine selbst, so schwer sie sind, die Steine.
Sie tanzen mit den muntern Reih'n
und wollen gar noch schneller sein,
und wollen gar noch schneller sein, die Steine.

5. O Wandern, Wandern, meine Lust,
o Wandern, Wandern, meine Lust, o Wandern!
Herr Meister und Frau Meisterin,
laßt mich in Frieden weiterziehn,
laßt mich in Frieden weiterziehn und wandern!

Heut noch sind wir hier zu Haus

Wem Gott will rechte Gunst erweisen

2. Die Bächlein von den Bergen springen,
die Lerchen schwirren hoch vor Lust;
was sollt' ich nicht mit ihnen singen
aus voller Kehl' und frischer Brust?

3. Den lieben Gott laß ich nur walten;
der Bächlein, Lerchen, Wald und Feld
und Erd und Himmel will erhalten,
hat auch mein Sach' aufs best' bestellt.

Es klappert die Mühle am rauschenden Bach

Worte: Ernst Anschütz
Weise: volkstümlich

1. Es klap-pert die Müh-le am rau-schen-den Bach, klipp klapp! Bei Tag und bei Nacht ist der Mül-ler stets wach, klipp klapp! Er mah-let das Korn zu dem kräf-ti-gen Brot, und ha-ben wir die-ses, so

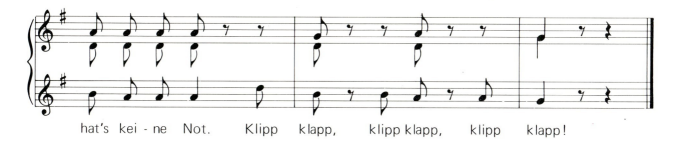

hat's kei - ne Not. Klipp klapp, klipp klapp, klipp klapp!

2. Flink laufen die Räder und drehen den Stein,
klipp klapp!
Und mahlen den Weizen zu Mehl uns so fein,
klipp klapp!
Der Bäcker dann Zwieback und Kuchen draus bäckt,
der immer den Kindern besonders gut schmeckt.
Klipp klapp, klipp klapp, klipp klapp!

3. Wenn reichliche Körner das Ackerfeld trägt,
klipp klapp!
Die Mühle dann flink ihre Räder bewegt,
klipp klapp!
Und schenkt uns der Himmel nur immerdar Brot,
so sind wir geborgen und leiden nicht Not.
Klipp klapp, klipp klapp, klipp klapp!

Auf, auf, ihr Wandersleut

Aus Nordböhmen

1. Auf, auf, ihr Wan-ders-leut, zum Wan-dern kommt die Zeit! Tut euch nicht lang ver-wei-len, in Got-tes Na-men rei-sen, das Glück, das lau-fet im-mer-fort an ei-nen an-dern Ort.

2. Ihr liebsten Eltern mein,
ich will euch dankbar sein;
die ihr mir habt gegeben
von Gott ein langes Leben,
so gebet mir gleich einer Speis
den Segen auf die Reis'.

3. Der Tau vom Himmel fällt,
hell wird das Firmament.
Die Vöglein in den Höhen,
wenn sie vom Schlaf aufstehen,
so singen sie mir zu meiner Freud:
lebt wohl, ihr Wandersleut!

Nun ade, du mein lieb' Heimatland

Worte: August Disselhoff
Weise: volkstümlich

1. Nun a - de, du mein lieb' Hei - matland, lieb' Hei - matland a - de! Es geht jetzt fort zum fremden Strand, lieb' Hei - matland, a - de! Und so sing' ich denn mit

frohem Mut, wie man sin-get, wenn man wan-dern tut, lieb' Hei-matland, a - de!

2. Wie du lachst mit deines Himmels Blau,
lieb' Heimatland, ade!
Wie du grüßest mich mit Feld und Au,
lieb' Heimatland, ade!
Gott weiß, zu dir steht stets mein Sinn,
doch jetzt zur Ferne zieht's mich hin,
lieb' Heimatland, ade!

3. Begleitest mich, du lieber Fluß,
lieb' Heimatland, ade!
Bist traurig, daß ich wandern muß,
lieb' Heimatland, ade!
Vom moos'gen Stein, vom wald'gen Tal,
da grüß' ich dich zum letztenmal,
lieb' Heimatland, ade!

Im schönsten Wiesengrunde

Worte: Wilhelm Ganzhorn
Weise: volkstümlich

1. Im schön-sten Wie-sen-grun-de ist mei-ner Hei-mat Haus, da zog ich man-che Stun-de ins Tal hin-aus. Dich, mein stil-les Tal, grüß' ich tau-send-mal! Da zog ich man-che Stun-de ins Tal hin-aus.

2. Muß aus dem Tal jetzt scheiden, wo alles Lust und Klang;
das ist mein herbstes Leiden, mein schwerster Gang.
Dich, mein stilles Tal, grüß' ich tausendmal!
Das ist mein herbstes Leiden, mein schwerster Gang.

3. Sterb' ich, in Tales Grunde will ich begraben sein;
singt mir zur letzten Stunde beim Abendschein:
Dir, o stilles Tal, Gruß zum letztenmal!
Singt mir zur letzten Stunde beim Abendschein.

Muß i denn, muß i denn zum Städtele 'naus

Glockenspiel oder Xylophon
Volkstümlich aus Schwaben

1. Muß i denn, muß i denn zum Städ-te-le 'naus, Städ-te-le 'naus, und
du, mein Schatz, bleibst hier? Kann i glei net all-weil bei dir sein, han i
doch mein' Freud an dir; wenn i komm, wenn i komm, wenn i

Wenn i komm, wenn i komm, wenn i wie-derum komm, wie-derum komm, kehr i
ein, mein Schatz, bei dir.

wie-derum komm, wie-de-rum komm, kehr i ein, mein Schatz, bei dir.

2. Wie du weinst, wie du weinst,
daß i wandere muß, wandere muß,
wie wenn d'Lieb' jetzt wär' vorbei;
sind au drauß, sind au drauß
der Mädele viel, Mädele viel,
lieber Schatz, i bleib dir treu.
Denk du net, wenn i a andere seh,
so sei mein' Lieb vorbei;
sind au drauß, sind au drauß
der Mädele viel, Mädele viel,
lieber Schatz, i bleib dir treu!

3. Übers Jahr, übers Jahr,
wenn mer Träubele schneid't, Träubele schneid't,
stell i hier mi wiederum ein;
bin i dann, bin i dann
dein Schätzele no', Schätzele no',
so soll die Hochzeit sei.
Übers Jahr, da ist mein' Zeit vorbei,
da ghör i mei und dei;
bin i dann, bin i dann
dein Schätzele no', Schätzele no',
so soll die Hochzeit sein!

Wohlan, die Zeit ist kommen

Volkstümlich

1. Wohl-an, die Zeit ist kom-men, mein Pferd, das muß ge-sat-telt sein. Ich hab mir's vor-ge-nom-men, ge-rit-ten muß es sein. Geh' du nur hin, ich hab' mein Teil, ich lieb' dich nur aus Nar-re-tei! Ohn' dich kann ich schon le-ben, ohn' dich kann ich schon sein.

2. Du denkst, ich werd' dich nehmen?
Ich hab's noch nicht im Sinn;
ich muß mich deiner schämen,
wenn ich in G'sellschaft bin.
Geh' du nur hin, ich hab' mein Teil,
ich lieb' dich nur aus Narretei!
Ohn' dich kann ich schon leben,
ohn' dich kann ich schon sein!

3. Du glaubst, du bist die Schönste
wohl auf der ganzen weiten Welt,
und auch die Angenehmste,
ist aber weit gefehlt.
Geh' du nur hin, ich hab' mein Teil,
ich lieb' dich nur aus Narretei!
Ohn' dich kann ich schon leben,
ohn' dich kann ich schon sein!

Lustig ist das Zigeunerleben

Volkslied aus Niederschlesien

1. Lu - stig ist das Zi - geu - ner - le - ben, fa - ria, fa - ria -
Brauchen dem Kai - ser kein Zins zu ge - ben, fa - ria, fa - ria -
- ho. - ho. Lu - stig ist's im grü - nen Wald, wo des Zi - geu - ners Auf - ent - halt.

1.–4. Fa - ria, fa - ri - a fa - ria fa - ri - a fa - ri - a.

2. Sollt uns einmal der Hunger plagen, faria, fariaho,
tun wir uns ein Hirschlein jagen, faria, fariaho,
Hirschlein, nimm dich wohl in acht,
wenn des Jägers Büchse kracht.

3. Sollt uns einmal der Durst sehr quälen, faria, fariaho,
gehn wir hin zu Waldesquellen, faria, fariaho,
trinken das Wasser wie Moselwein,
meinen, es müßte Champagner sein.

4. Wenn wir auch kein Federbett haben, faria, fariaho,
tun wir uns ein Loch ausgraben, faria, fariaho,
legen Moos und Reisig 'nein,
das soll uns ein Federbett sein.

2. Hab mein Wage vollgeladen, voll mit jungen Mädchen.
Als wir zu dem Tor neinkamen, sangen sie durchs Städtchen.
Drum lad ich all mein Lebetage
nur junge Mädchen auf mein Wage.

Auf der schwäbsche Eisebahne

1. Auf der schwäbsche Eisebahne gibt's gar viele Halt-sta-tio-ne:
Schtue-gert, Ulm und Bi-be-rach, Mek-ke-beu-re, Dur-les-bach.
Tru-la, tru-la, tru-la-la, tru-la, tru-la, tru-la-la,
Schtue-gert, Ulm und Bi-be-rach, Mek-ke-beu-re, Dur-les-bach.

2. Auf der schwäb'sche Eisebahne gibt's au viele Rest'ratione,
wo ma esse, trinke ka, alles, was der Mage ma.
Trula, trula, trulala, trula, trula, trulala,
wo ma esse, trinke ka, alles, was der Mage ma.

3. Auf der schwäb'sche Eisebahne dürfet Küh und Öchsle fahre.
Bube, Mädle, Weib und Ma, kurzum älls, was zahle ka.
Trula, trula, trulala, trula, trula, trulala,
Bube, Mädle, Weib und Ma, kurzum älls, was zahle ka.

4. Auf der schwäb'sche Eisebahne wollt emol e Bäuerle fahre,
goht an Schalter, lupft de Huet: „Oi Billettle, send so guet!"
Trula, trula, trulala, trula, trula, trulala,
goht an Schalter, lupft de Huet: „Oi Billettle, send so guet!"

5. Einen Bock hat er sich kaufet, und daß er ehm net verlaufet,
bindet ehn der guete Ma an de hintre Wage na.
Trula, trula, trulala, trula, trula, trulala,
bindet ehn der guete Ma an de hintre Wage na.

6. „Böckle, tu nuer woidle springe, 's Futter werd i dir scho bringe."
Setzt sie zu seim Weible na und brennt's Tabakspfeifle a.
Trula, trula, trulala, trula, trula, trulala,
Setzt sie zu seim Weible na und brennt's Tabakspfeifle a.

7. Wie der Bauer isch am Ziel und sei Böckle hole will,
find't er bloß noch Kopf und Seil an dem hentre Wagenteil!
Trula, trula, trulala, trula, trula, trulala,
find't er bloß noch Kopf und Seil an dem hentre Wagenteil!

8. Und der Bauer voller Zorne nemmt de Kopf bei beide Horne,
schmeißt ehn, was er schmeiße ka, dem Konduktör an Ranza na.
Trula, trula, trulala, trula, trula, trulala,
schmeißt ehn, was er schmeiße ka, dem Konduktör an Ranza na.

9. Warum bischt so gschwind gefahre! Du muscht jetzt de Schade zahle,
du alloi bischt schuld do dran, daß i jetzt kei Bock meh han!
Trula, trula, trulala, trula, trula, trulala,
du alloi bischt schuld do dran, daß i jetzt kei Bock meh han!

10. So, jetzt wär dies Liedle g'sunge. Hat euch recht end Ohre klunge,
stoßt mit eure Gläser a aufs Wohl dr schwäb'sche Eisebah!
Trula, trula, trulala, trula, trula, trulala,
stoßt mit eure Gläser a aufs Wohl dr schwäb'sche Eisebah!

Himmel und Erde müssen vergehn

Kanon zu 2 Stimmen Worte und Weise: volkstümlich

Him-mel und Er - de müs-sen ver - gehn, a - ber die Mu - si - ci,
a - ber die Mu - si - ci, a - ber die Mu - si - ci blei-ben be - stehn.

Hänschen klein

Glockenspiel — Volkslied

Hänschen klein geht al - lein in die wei - te Welt hin - ein. Stock und Hut

stehn ihm gut, ist gar wohl-ge-mut. A-ber Mut-ter wei-net sehr, hat ja nun kein Hänschen mehr. Hänschen klein geht al-lein in die Welt hin-ein.

Der Jäger längs dem Weiher ging

1. Der Jä-ger längs dem Wei-her ging. Lauf, Jä-ger lauf! Die Däm-me-rung den Wald um-fing. 1.–8. Lauf, Jä-ger lauf, Jä-ger lauf, lauf, lauf, mein lie-ber Jä-ger, gu-ter Jä-ger lauf, lauf, lauf, mein lie-ber Jä-ger lauf, mein lie-ber Jä-ger lauf!

2. Was raschelt in dem Grase dort? ...
Was flüstert leise fort und fort?

3. Was ist das für ein Untier doch? ...
Hat Ohren wie ein Blocksberg hoch!

4. Das muß fürwahr ein Kobold sein! ...
Hat Augen wie Karfunkelstein! ...

5. Der Jäger furchtsam um sich schaut ...
Jetzt will ich's wagen — o, mir graut!

6. O Jäger, laß die Büchse ruhn ...
Das Tier könnt dir ein Leides tun!

7. Der Jäger lief zum Wald hinaus, ...
verkroch sich flink im Jägerhaus.

8. Das Häschen spielt im Mondenschein, ...
ihm leuchten froh die Äugelein.

Ein Jäger aus Kurpfalz

1. Ein Jäger aus Kurpfalz, der reitet durch den grünen Wald, er

schießt das Wild daher, gleich wie es ihm gefällt. Hal-

li, hallo, gar lustig ist die Jägerei all-

hier auf grü - ner Heid', all - hier auf grü - ner Heid'.

2. Auf, sattelt mir mein Pferd
und legt darauf mein' Mantelsack,
so reit ich hin und her
als Jäger aus Kurpfalz.

3. Jetzt reit ich nicht mehr heim,
bis daß der Kuckuck „kuckuck" schreit;
er schreit die ganze Nacht
allhier auf grüner Heid'.

Vöglein im hohen Baum

Worte: Johann Peter Hebel
Weise: Friedrich Silcher

1. Vög-lein im ho - hen Baum, klein ist's, ihr seht es kaum, singt doch so schön, daß wohl von nah und fern al - le die Leu - te gern hor - chen und stehn, hor - chen und stehn.

2. Blümlein im Wiesengrund
blühen so lieb und bunt,
tausend zugleich.
Wenn ihr vorübergeht,
wenn ihr die Farben seht,
freuet ihr euch, freuet ihr euch.

3. Wässerlein fließt so fort
immer von Ort zu Ort
nieder ins Tal.
Dürsten nun Mensch und Vieh,
kommen zum Bächlein sie,
trinken zumal, trinken zumal.

Es, es, es und es

2. Er, er, er und er, Herr Meister, leb er wohl!
Ich sag's ihm grad frei ins Gesicht,
seine Arbeit, die gefällt mir nicht. Ich will ...

3. Sie, sie, sie und sie, Frau Meistrin, leb sie wohl!
Ich sag's ihr grad frei ins Gesicht,
ihr Speck und Kraut, das schmeckt mir nicht. Ich will ..

4. Sie, sie, sie und sie, Jungfer Köchin, leb sie wohl!
Hätt sie das Essen besser angricht,
so wär ich auch gewandert nicht. Ich will ...

5. Ihr, ihr, ihr und ihr, ihr Brüder, lebet wohl!
Hab ich euch was zuleid getan,
so halt ich um Verzeihung an. Ich will ...

Schön ist die Welt

wohl in die wei - te Welt, wohl in die wei - te Welt.

2. Wir sind nicht stolz, wir brauchen keine Pferde,
die uns von dannen ziehn, die uns von dannen ziehn.

3. Wir steigen froh auf Berge und auf Hügel,
wo uns die Sonne sticht, wo uns die Sonne sticht.

4. Wir laben uns an jeder Felsenquelle,
wo frisches Wasser fließt, wo frisches Wasser fließt.

5. Wir reisen fort von einer Stadt zur andern,
wohin es uns gefällt, wohin es uns gefällt.

Morgen muß ich fort von hier

Worte: aus „Des Knaben Wunderhorn"
Weise: Friedrich Silcher

1. Mor - gen muß ich fort von hier und muß Ab - schied neh - men.
O du al - ler - höch - ste Zier, Schei - den, das bringt Grä - men.
Da ich dich so treu ge - liebt ü - ber al - le Ma - ßen,
soll ich dich ver - las - sen, soll ich dich ver - las - sen.

2. Wenn zwei gute Freunde sind,
die einander kennen,
Sonn' und Mond bewegen sich,
ehe sie sich trennen.
Noch viel größer ist der Schmerz,
wenn ein treuverliebtes Herz
in die Fremde ziehet.

3. Küsset dir ein Lüftelein
Wangen oder Hände,
denke, daß es Seufzer sein,
die ich zu dir sende;
tausend schick' ich täglich aus,
die da wehen um dein Haus,
weil ich dein gedenke.

In Schnützelputz Häusel

2. So geht es in Schnützelputz Häusel: da singen und
tanzen die Mäusel, da bellen die Schnecken im Häusel.
Der Tisch legte sich in das Bett und war krank, da heulte der
Sessel, da weinte die Bank, sie täten gar jämmerlich klagen.

3. So geht es ... Es saßen zwei Ochsen im Storchennest,
die haben einander gar lieblich getröst und wollten
die Eier ausbrüten.

4. So geht es ... Es zogen zwei Störche wohl auf die Wacht,
die hatten ihr Sache gar wohl bedacht
mit ihren großmächtigen Spießen.

5. So geht es ... Ich wüßte der Dinge noch viel mehr zu sagen,
die sich da in Schnützelputz Häusel zutragen,
gar lächerlich über die Maßen.

(Schluß): So geht es in Schnützelputz Häusel: da singen
und tanzen die Mäusel, da bellen die Schnecken im Häusel.

Viva, viva la Musica

Kanon zu 3 Stimmen
Weise: Michael Praetorius

Vi - va, vi - va la Mu - si - ca! Vi - va, vi - va la Mu - si - ca! Vi - va la Mu - si - ca!

Es tanzt ein Bi-Ba-Butzemann

Worte: aus „Des Knaben Wunderhorn"
Weise: volkstümlich

Es tanzt ein Bi-Ba-Butzemann in unserm Haus herum, dideldum, es um. Er rüttelt sich, er schüttelt sich, er wirft sein Säckchen hinter sich. Es

tanzt ein Bi - Ba - But - ze - mann in un - serm Haus her - um.

Taler, Taler, du mußt wandern

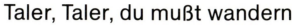

Glockenspiel Volksweise

Ta - ler, Ta - ler, du mußt wan - dern von der ei - nen Hand zur an - dern.

Das ist schön, das ist schön, Ta - ler, laß dich nur nicht seh'n!

Bettelmanns Hochzeit

Worte: aus „Des Knaben Wunderhorn"
Weise: aus Schwaben

ha - be, sol - le zur Hoch - zeit kom - - me.

2. Widele ... Hochzeit.   Pfeift das Mäusele, tanzt das Läusele, schlägt das Igele Trumme.
3. Widele ... Hochzeit.   Wind mer a Kränzele, tanz mer a Tänzele, laß mer das Geigele singe.
(Schluß)   Widele wedele, hinter dem Städele hält der Bettelmann Hochzeit.

Uhrenkanon

Kanon zu 3 Stimmen   Worte und Weise: Karl Karow

Gro - ße Uh - ren ge - hen: tick tack tick tack, klei-ne Uh-ren ge - hen:
tik-ke tak-ke tik-ke tak-ke, und die kleinen Taschenuhren: tik-ke tacke ticke tacke tick!

Grün, grün, grün sind alle meine Kleider

Altes Spiellied

1. Grün, grün, grün sind al-le mei-ne Klei-der, grün, grün, grün ist al-les, was ich hab.

Dar-um lieb ich al-les, was so grün ist, weil mein Schatz ein Jä-ger, Jä-ger ist.

2. Blau, blau, blau sind alle meine Kleider,
blau, blau, blau ist alles, was ich hab.
Darum lieb ich alles, was so blau ist,
weil mein Schatz ein Seemann ist.

3. Weiß, weiß, weiß sind alle meine Kleider,
weiß, weiß, weiß ist alles, was ich hab.
Darum lieb ich alles, was so weiß ist,
weil mein Schatz ein Bäcker, Bäcker ist.

4. Schwarz, schwarz, schwarz sind alle meine Kleider,
schwarz, schwarz, schwarz ist alles, was ich hab.
Darum lieb ich alles, was so schwarz ist,
weil mein Schatz ein Schornsteinfeger ist.

5. Bunt, bunt, bunt sind alle meine Kleider,
bunt, bunt, bunt ist alles, was ich hab.
Darum lieb ich alles, was so bunt ist,
weil mein Schatz ein Maler, Maler ist.

Die Tiroler sind lustig

1. Die Tiroler sind lustig, die Tiroler sind froh, verkaufen ihr Bettchen und schlafen auf Stroh.

2. Die Tiroler sind lustig,
die Tiroler sind froh,
sie nehmen ein Weibchen
und tanzen dazu.

3. Erst dreht sich das Weibchen,
dann dreht sich der Mann,
dann tanzen sie beide
und fassen sich an.

Der Kirschbaum

1. Ju - ja! Grün ist der Kirschenbaum, ju - ja! Grün ist der Baum.
2. Ju - ja! 's Mädel hält Kirschen feil, ju - ja! D'Kirschen sind süß.
3. Ju - ja! Wo steht der Kirschenbaum? Ju - ja! Drauß'n auf der Wies'.

Zeigt her eure Füßchen

1. Zeigt her eure Füßchen, zeigt her eure Schuh, und sehet den fleißigen Waschfrauen zu! Sie waschen, sie waschen den ganzen Tag, sie waschen, sie waschen den ganzen Tag.

2. Sie wringen, sie wringen den ganzen Tag.

3. Sie trocknen, sie trocknen den ganzen Tag.

4. Sie bügeln, sie bügeln den ganzen Tag.

5. Sie klatschen, sie klatschen den ganzen Tag.

6. Sie tanzen, sie tanzen den ganzen Tag.

Lustig auf zum grünen Rasen

1. Lustig auf zum grünen Rasen, unser lieber Hans muß blasen, und wir tanzen Ringelreih, hopp, juchhei!

2. Grete, laß die Puppe liegen,
springe, daß die Zöpfe fliegen,
aber fall nicht in den Klee,
hopp, juchhei!

3. Dreht euch alle flink im Winde,
hurtig um die alte Linde,
seht, wir tanzen Ringelreih,
hopp, juchhei!

Die goldne Brücke

Worte und Weise: volkstümlich

Zie-het durch, zie-het durch, durch die gold-ne Brük-ke, sie ist entzwei, sie ist entzwei, wir wolln sie wie-der flik-ken. Wo-mit denn? Wo-mit denn? Mit ei-ner-lei, mit zwei-er-lei, der letz-te soll ge-fan-gen sein.

durchgehend Dudelsack-Quinten:

Ich bin ein Musikante

Worte und Weise: volkstümlich

Xylophon

Kehrreim

Einer: Ich bin ein Mu-si-kan-te und komm' aus Schwa-ben-land. 1. Ich
Alle: Wir sind auch Mu-si-kan-ten und komm'n aus Schwa-ben-land.

Alle: kann auch bla-sen, wir kön-nen auch bla-sen
Einer: die Trom-pe-te,

die Trom - pe - te: Teng - teng - tereng, teng - teng - tereng, teng - teng - tereng, teng -

teng - tereng, teng - teng - tereng, teng - teng - tereng, teng - teng - tereng, teng - teng.

2. (Einer): Ich kann auch spielen,
(Alle): wir können auch spielen
(Einer): die Violine,
(Alle): die Violine:
Sim sim serim, sim sim serim, ...

3. (Einer): Ich kann auch schlagen,
(Alle): wir können auch schlagen
(Einer): die große Trommel,
(Alle): die große Trommel:
Pum pum perum, pum pum perum, ...

4. (Einer): Ich kann auch spielen,
(Alle): wir können auch spielen
(Einer): die kleine Flöte,
(Alle): die kleine Flöte:
Tü tü tü tü, tü tü tü tü, ...

Häschen in der Grube

Worte und Weise: volkstümliches Spiellied

Häschen in der Gru-be saß und schlief, saß und schlief. „Ar-mes Häschen,

bist du krank, daß du nicht mehr hüp-fen kannst? Häschen, hüpf! Häschen, hüpf! Häschen hüpf!

85

Eine kleine Geige möcht ich haben

Worte: Hoffmann von Fallersleben
Weise: volkstümlich

1. Ei-ne klei-ne Gei-ge möcht ich ha-ben, ei-ne klei-ne Gei-ge hätt ich gern! Al-le Ta-ge spielt ich mir zwei, drei Stückchen o-der vier und sän-ge und sprän-ge gar lu-stig her-um und sän-ge und sprän-ge gar lu-stig her-um:

2. Ei-ne klei-ne Gei-ge klingt gar lieb-lich, ei-ne klei-ne Gei-ge klingt gar schön! Nachbars Kin-der und un-ser Spitz kä-men al-le wie der Blitz und sängen und sprängen gar lu-stig her-um und sän-gen und sprän-gen gar lu-stig her-um:

Di-del di-del dum dum dum dum dum dum! Di-del di-del dum dum dum dum dum!

Laterne, Laterne

Worte und Weise: volkstümlich

La - ter - ne, La - ter - ne, Sonne, Mond und Ster - ne, brenne auf, mein Licht, brenne auf, mein Licht, a - ber nur meine lie-be La - ter - ne nicht. ter-ne nicht.

Pentatonisch F, improvisieren mit:

oder durchgehende Dudelsackquinte.

Ringel, Ringel, Reihe

Worte: aus „Des Knaben Wunderhorn"
Weise: volkstümliches Spiellied

Rin - gel, Rin - gel, Rei - he, sind der Kin - der drei - e, sit - zen auf dem Hol - ler - busch, schrei - en al - le „Husch, husch, husch."

Spannenlanger Hansel

Xylophon
Worte und Weise: volkstümlich

1. Spannen-lan-ger Han-sel, nu-del-dik-ke Dirn,
gehn wir in den Gar-ten, schüt-teln wir die Birn'.
Schüttel ich die großen, schüttelst du die klein',
wenn das Säcklein voll ist, gehn wir wie-der heim.

2. „Lauf doch nicht so schnelle,
spannenlanger Hans!
Ich verlier die Birnen
und die Schuh noch ganz."
„Trägst ja nur die kleinen,
nudeldicke Dirn,
und ich schlepp den Sack
mit den großen Birn."

Heißa, Kathreinerle

1. Heißa Kathreinerle, schnür dir die Schuh, schürz dir dein Röckele, gönn dir kein Ruh. Didel, dudel, dadel, schrumm, schrumm, schrumm, geht schon der Hopsa rum. Heißa Kathreinerle, frisch immer zu.

2. Dreh wie ein Rädele flink dich im Tanz!
Fliegen die Zöpfele, wirbelt der Kranz.
Didel, dudel, dadel, schrumm, schrumm, schrumm,
lustig im Kreis herum,
dreh dich, mein Mädel, im festlichen Glanz.

3. Heute heißt's lustig sein, morgen ist's aus!
Sinket der Lichter Schein, gehn wir nach Haus.
Didel, dudel, dadel, schrumm, schrumm, schrumm,
morgen mit viel Gebrumm
fegt die Frau Wirtin den Tanzboden aus.

Tanz, tanz Gretelein

1. Tanz, tanz, Gre - te - lein, du hast so schö - ne Schuh!
2. Tanz, tanz, Hän - se - lein, mit dei - ner Zip - fel - mütz!

Heb die Füß - chen nur ge - schwin - de, daß dein Röck - lein
Mußt mich fan - gen, mußt mich nek - ken, steh nicht steif da

flieg im Win-de! Tanz, tanz, Gre-te-lein, ich pfeif dir eins da-zu.
wie ein Stek-ken! Tanz, tanz, Hän-se-lein, mit dei-ner Zip-fel-mütz.

Schwarzbraun ist die Haselnuß

Worte und Weise: volkstümlich

1. Schwarzbraun ist die Ha-sel-nuß, schwarzbraun bin auch ich, ja ich, schwarzbraun muß mein Mä-del sein, ge-ra-de so wie ich. Val-le-ri, ju-vi-ju-vi-di, val-le-ra, val-le-ri, ju-vi-ju-vi-di, valle-ra, di!

2. 's Mädel hat mir Busserl gebn,
hat mich schwer gekränkt, ja kränkt,
hab ihr's aber wiedergebn,
ich mag ja nichts geschenkt. Valleri ...

3. 's Mädel hat nicht Hof noch Haus,
's Mädel hat kein Geld, ja Geld,
doch ich geb es nicht heraus
für alles in der Welt. Valleri ...

4. Schwarzbraun ist die Haselnuß,
schwarzbraun bin auch ich, ja ich.
Wenn ich eine heiraten tu,
so muß sie sein wie ich. Valleri ...

Hänsel und Gretel

Worte und Weise: volkstümlich

1. Hänsel und Gretel verliefen sich im Wald.
Es war schon finster und auch so grimmig kalt.
Sie kamen an ein Häuschen von Pfefferkuchen fein:
Wer mag der Herr wohl von diesem Häuschen sein?

2. Hu, hu, da schaut eine alte Hexe raus.
Sie lockt die Kinder ins Pfefferkuchenhaus
Sie stellte sich gar freundlich,
o Hänsel, welche Not!
Sie will dich braten
im Ofen braun wie Brot.

3. Doch als die Hexe zum Ofen schaut hinein,
ward sie geschoben von Hans und Gretelein.
Die Hexe mußte braten,
die Kinder gehn nach Haus.
Nun ist das Märchen
von Hans und Gretel aus.

Gretel, Pastetel

Als Frage- und Antwortspiel
Worte und Weise: volkstümlich

1. Gre-tel, Pa-ste-tel, was machen die Gäns? Sie sit-zen im Wasser und waschen die Schwänz.

2. Gretel, Pastetel, was macht eure Kuh?
Sie stehet im Stalle und macht immer „muh".

3. Gretel, Pastetel, was macht euer Hahn?
Er sitzt auf der Mauer und kräht, was er kann.

Brüderchen, komm tanz mit mir

Worte: volkstümlich
Weise: aus Thüringen

Xylophon

1. Brü-derchen, komm tanz mit mir, bei-de Hän-de reich ich dir.
Ein-mal hin, ein-mal her, rund-her-um, das ist nicht schwer.

2. Mit den Füßchen tapp, tapp, tapp!
Mit den Händen klapp, klapp, klapp!
Einmal hin, einmal her,
rundherum, das ist nicht schwer.

3. Mit dem Köpfchen nick, nick, nick!
Mit den Fingern tick, tick, tick!
Einmal hin, einmal her,
rundherum, das ist nicht schwer.

Auf der Eisenbahn

Worte und Weise: volkstümliches Spiellied

Auf der Eisenbahn steht ein schwarzer Mann,
schürt das Feuer an, daß man fahren kann.
Kinderlein, Kinderlein, hängt euch dran! Wir fahren mit der Eisenbahn.

Kein schöner Land

Volkstümlich

1. Kein schöner Land in dieser Zeit als hier das unsre weit und breit, wo wir uns finden wohl unter Linden zur Abendzeit, wo wir uns finden wohl unter Linden zur Abendzeit.

2. Da haben wir so manche Stund gesessen da in froher Rund und taten singen; die Lieder klingen im Eichengrund.

3. Daß wir uns hier in diesem Tal noch treffen so viel hundertmal, Gott mag es schenken, Gott mag es lenken, er hat die Gnad.

4. Jetzt, Brüder, eine gute Nacht! Der Herr im hohen Himmel wacht; in seiner Güten uns zu behüten, ist er bedacht.

Himmelsau, licht und blau

Volkstümlich

1. Himmelsau, licht und blau, wieviel zählst du Sternlein?

1.-7. Ohne Zahl, soviel mal, sei gelobt der ewige Gott.

2. Gottes Welt, wohl bestellt, wieviel zählst du Stäublein?
3. Sommerfeld, uns auch meld, wieviel zählst du Gräslein?
4. Dunkler Wald, grün gestalt't, wieviel zählst du Zweiglein?
5. Tiefes Meer, weit umher, wieviel zählst du Tröpflein?
6. Sonnenschein, klar und rein, wieviel zählst du Fünklein?
7. Ewigkeit, lange Zeit, wieviel zählst du Stündlein?

Nun wollen wir singen das Abendlied

Volksweise aus dem Odenwald

1. Nun wollen wir singen das Abendlied und beten, daß Gott uns behüt.

2. Es weinen viel Augen wohl jegliche Nacht, bis morgens die Sonne erwacht.

3. Daß Gott uns behüt, bis die Nacht vergeht, kommt, singet das Abendgebet.

Nun ruhen alle Wälder

Worte: Paul Gerhardt
Weise: H. Isaak

1. Nun ruhen alle Wälder, Vieh, Menschen, Stadt und Felder, es schläft die ganze Welt. Ihr aber, meine Sinnen, auf, auf, ihr sollt beginnen, was eurem Schöpfer wohlgefällt.

2. Der Tag ist nun vergangen,
die güldnen Sternlein prangen
am blauen Himmelssaal;
also werd ich auch stehen,
wenn mich wird heißen gehen
mein Gott aus diesem Jammertal.

3. Breit aus die Flügel beide,
o Jesu, meine Freude,
und nimm dein Küchlein ein!
Will Satan mich verschlingen,
so laß die Englein singen:
„Dies Kind soll unverletzet sein".

4. Auch euch, ihr meine Lieben,
soll heute nicht betrüben
kein Unheil noch Gefahr.
Gott laß euch ruhig schlafen,
stell euch die güldnen Waffen
ums Bett und seiner Engel Schar.

Abend wird es wieder

Worte: H. Hoffmann von Fallersleben
Volkstümlich

1. Abend wird es wieder: über Wald und Feld säuselt Frieden nieder, und es ruht die Welt.

2. Nur der Bach ergießet
sich am Felsen dort,
und er braust und fließet
immer, immer fort.

3. Und kein Abend bringet
Frieden ihm und Ruh;
keine Glocke klinget
ihm ein Rastlied zu.

4. So in deinem Streben
bist, mein Herz, auch du;
Gott nur kann dir geben
wahre Abendruh!

Stille, stille

Worte und Weise: volkstümlich

Stil - le, stil - le, kein Geräusch ge - macht, darum seid nur al - le still, weil mein Kindlein schlafen will. Stil - le, stil - le, kein Geräusch ge - macht.

Eia beia Wiegestroh

Worte: alter Kindervers
Weise: volkstümlich

1. Ei - a bei - a Wie - ge - stroh, schläft mein Kindlein, bin ich froh,

ei-a bei-a Wie-gele-stoß, ü-bers Jahr ist's Kind-lein groß.

Pentatonisch G, improvisieren mit:

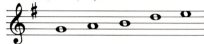

2. Daß es ja recht ruhig schlaf,
sing ich ihm vom kleinen Schaf,
sing ich ihm vom Watschelgansel
mit dem kleinen Wackelschwanzel.

3. Eia beia Wiegele,
auf dem Dach sind Ziegele,
auf dem Dach sind Schindelein,
b'hüt mir Gott mein Kindelein.

Kindlein mein

Wiegenlied aus Mähren

1. Kind-lein mein, schlaf doch ein, weil die Stern-lein kom-men,
und der Mond kommt auch schon wie-der an-ge-schwom-
2. Kind-lein mein, schlaf nun ein, Vög-lein fliegt vom Bau-me,
fliegt ge-schwind zu mei'm Kind, singt ihm vor im Trau-

men. Ei-a, ei-a, Wieg-lein mein, schlaf mein Kind-lein, schlaf nun ein.
me. Ei-a, ei-a, Wieg-lein mein, schlaf mein Kind-lein, schlaf nun ein.

Weißt du, wieviel Sternlein stehen

Glockenspiel
Volksweise

1. Weißt du, wie-viel Stern-lein ste-hen an dem blau-en Him-mels-zelt? Weißt du,

wie-viel Wol-ken ge-hen weit-hin ü-ber al-le Welt? Gott der

Herr hat sie ge-zäh-let, daß ihm auch nicht ei-nes feh-let an der

gan - zen gro - ßen Zahl,___ an der gan - zen gro - ßen Zahl.

2. Weißt du, wieviel Mücklein spielen
in der heißen Sonnenglut,
wieviel Fischlein auch sich kühlen
in der hellen Wasserflut?
Gott der Herr rief sie mit Namen,
daß sie all ins Leben kamen,
daß sie nun so fröhlich sind.

3. Weißt du, wieviel Kinder frühe
stehn aus ihren Bettlein auf,
daß sie ohne Sorg und Mühe
fröhlich sind im Tageslauf?
Gott im Himmel hat an allen
seine Lust, sein Wohlgefallen,
kennt auch dich und hat dich lieb.

Wer hat die schönsten Schäfchen

Worte: Hoffmann von Fallersleben
Weise: Joh. F. Reichard

Glockenspiel

1. Wer hat die schönsten Schäf - chen? Die hat der gold - ne Mond, der

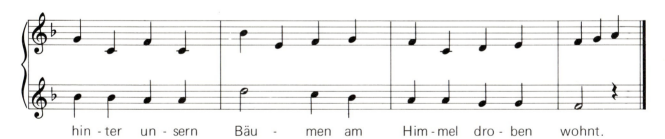

hin - ter un - sern Bäu - men am Him - mel dro - ben wohnt.

2. Dort weidet er die Schäfchen
auf seiner blauen Flur,
denn all die weißen Sterne
sind seine Schäfchen nur.

3. Und soll ich dir eins bringen,
so darfst du niemals schrein,
mußt freundlich wie die Schäfchen
und wie die Schäfer sein.

Der Mond ist aufgegangen

Worte: Matthias Claudius
Weise: Joh. A. Schulz

1. Der Mond ist aufgegangen, die goldnen Sternlein prangen am Himmel hell und klar, der Wald steht schwarz und schweiget, und aus den Wiesen steiget der weiße Nebel wunderbar.

2. Wie ist die Welt so stille
und in der Dämmrung Hülle
so traulich und so hold
als eine stille Kammer,
wo ihr des Tages Jammer
verschlafen und vergessen sollt.

3. Seht ihr den Mond dort stehen?
Er ist nur halb zu sehen
und ist doch rund und schön.
So sind wohl manche Sachen,
die wir getrost belachen,
weil unsre Augen sie nicht sehn.

4. Wir stolzen Menschenkinder
sind eitel arme Sünder
und wissen gar nicht viel.
Wir spinnen Luftgespinste
und suchen viele Künste
und kommen weiter von dem Ziel.

5. Gott, laß dein Heil uns schauen,
auf nichts Vergänglich's trauen,
nicht Eitelkeit uns freun;
laß uns einfältig werden
und vor dir hier auf Erden
wie Kinder fromm und fröhlich sein.

6. Wollst endlich sonder Grämen
aus dieser Welt uns nehmen
durch einen sanften Tod;
und wenn du uns genommen,
laß uns in Himmel kommen,
du unser Herr und unser Gott.

7. So legt euch denn, ihr Brüder,
in Gottes Namen nieder,
kalt ist der Abendhauch.
Verschon uns Gott mit Strafen
und laß uns ruhig schlafen
und unsern kranken Nachbar auch.

Schlaf, mein Kind, schlaf ein!

Glockenspiel
Volksweise

1. Schlaf, mein Kind, schlaf ein! Schließ deine Äugelein! Sei ruhig nun und schließ sie zu, dann hat dein liebes Herz auch Ruh! Schlaf, mein Kind, schlaf ein!

2. Schlaf, mein Kind, schlaf ein!
Bald kommt der Sonnenschein,
der wecket auf die Blumen all
und Schmetterling und Nachtigall.
Schlaf, mein Kind, schlaf ein!

3. Schlaf, mein Kind, schlaf ein!
O schöner Sonnenschein,
so komm doch her, komm her geschwind
und weck' auch auf mein liebes Kind!
Schlaf, mein Kind, schlaf ein!

Die Blümelein, sie schlafen

Worte: um 1840
Weise: Heinrich Isaak

1. Die Blümelein, sie schlafen schon längst im Mondenschein, sie nicken mit den Köpfchen auf ihren Stengelein. Es rüttelt sich der Blütenbaum, er säuselt wie im Traum: Schlafe, schlafe, schlaf ein, mein Kindelein.

2. Die Vögelein, sie sangen
so süß im Sonnenschein,
sie sind zur Ruh gegangen
in ihre Nestchen klein.
Das Heimchen in dem Ährengrund,
es tut allein sich kund.

3. Sandmännchen kommt geschlichen
und guckt durchs Fensterlein,
ob irgendwo ein Liebchen
nicht mag zu Bette sein,
und wo er noch ein Kindchen fand,
streut er ins Aug' ihm Sand.

Müde bin ich, geh zur Ruh

Worte: Luise Hensel
Weise: volkstümlich

1. Mü-de bin ich, geh zur Ruh, schlie-ße bei-de Äug-lein zu.
2. Al-le, die mir sind ver-wandt, Gott, laß ruhn in dei-ner Hand.

Va-ter, laß die Au-gen dein ü-ber mei-nem Bet-te sein.
Al-le Men-schen, groß und klein, sol-len dir be-foh-len sein.

Hört ihr vom Turm

Aus Frankreich

Hört ihr vom Turm das Glok-ken-spiel,
don, don, don, don, don, don, don, don, don, don, don, don!

Zehn Ge-bo-te setzt Gott ein; gib, daß wir ge-hor-sam sein!

1.–4. Menschen-wa-chen kann nichts nüt-zen, Gott muß wa-chen, Gott muß schützen;

Herr, durch dei-ne Güt und Macht gib uns ei-ne gu-te Nacht.

2. Hört, ihr Herrn, und laßt euch sagen,
unsre Glock hat elf geschlagen:
Elf der Jünger blieben treu,
hilf, daß wir im Tod ohn Reu!

3. Hört, ihr Herrn, und laßt euch sagen,
unsre Glock hat zwölf geschlagen:
Zwölf, das ist das Ziel der Zeit,
Mensch, bedenk die Ewigkeit!

4. Hört, ihr Herrn, und laßt euch sagen,
unsre Glock hat eins geschlagen:
Ist nur ein Gott in der Welt,
ihm sei alls anheimgestellt.

Steh'n zwei Stern' am hohen Himmel

Volksweise: aus dem Westerwald

1. Steh'n zwei Stern' am hohen Himmel, leuchten heller als der Mond, leuchten so hell, leuchten so hell, leuchten heller als der Mond.

2. Ach, was wird mein Schätzchen denken,
weil ich bin so weit von ihr? Weil ich bin,
weil ich bin, weil ich bin so weit von ihr?

3. Gerne wollt' ich zu ihr gehen,
wenn der Weg so weit nicht wär'. Wenn der Weg,
wenn der Weg, wenn der Weg so weit nicht wär'.

4. Gold und Silber, Edelsteine,
schönster Schatz, gelt, du bist mein.
Ich bin dein, du bist mein,
ach, was kann denn schöner sein!

Schlaf, Kindchen, schlaf

Metallophon oder Glockenspiel

Volksweise
Text: aus „Des Knaben Wunderhorn"

1. Schlaf, Kind-chen, schlaf! Der Va-ter hüt' die Schaf, die Mut-ter schüttelts

Bäu-me-lein, da fällt her-ab ein Träu-me-lein. Schlaf, Kind-chen, schlaf!

2. Schlaf, Kindchen, schlaf!
Am Himmel ziehn die Schaf,
die Sternlein sind die Lämmerlein,
der Mond, der ist das Schäferlein.
Schlaf, Kindchen, schlaf!

Wer nur den lieben Gott läßt walten

Worte und Weise: G. Neumark

1. Wer nur den lie-ben Gott läßt wal-ten und hof-fet auf ihn al-le Zeit,
den wird er wun-der-bar er-hal-ten in al-ler Not und Trau-rig-keit.
Wer Gott, dem Al-ler-höchsten, traut, der hat auf kei-nen Sand ge-baut.

2. Was helfen uns die schweren Sorgen,
was hilft uns unser Weh und Ach?
Was hilft es, daß wir alle Morgen
beseufzen unser Ungemach?
Wir machen unser Kreuz und Leid
nur größer durch die Traurigkeit.

3. Sing, bet und geh auf Gottes Wegen,
verricht das Deine nur getreu
und trau des Himmels reichem Segen,
so wird er bei dir werden neu.
Denn welcher seine Zuversicht
auf Gott setzt, den verläßt er nicht.

Ade zur guten Nacht

Aus Mitteldeutschland

1. Ade zur guten Nacht, jetzt wird der Schluß gemacht, daß ich muß scheiden. Im Sommer wächst der Klee, im Winter schneit's den Schnee, da komm ich wieder.

2. Es trauern Berg und Tal,
wo ich viel tausendmal
bin drüber gangen;
das hat deine Schönheit gemacht,
die hat mich zum Lieben gebracht
mit großem Verlangen.

3. Das Brünnlein rinnt und rauscht
wohl unterm Holderstrauch,
wo wir gesessen;
wie manchen Glockenschlag,
da Herz bei Herzen lag,
das hast du vergessen.

4. Die Mädchen in der Welt
sind falscher als das Geld
mit ihrem Lieben.
Ade zur guten Nacht!
Jetzt wird der Schluß gemacht
daß ich muß scheiden.

Alphabetisches Inhaltsverzeichnis

Abend wird es wieder	97	Eisenbahn, fahre nicht so schnell davon	18
Ade zur guten Nacht	111	Erwacht, ihr Schläfer drinnen	9
Alle Jahre wieder	51	Es, es, es und es	72
Alle Vögel sind schon da	44	Es klappert die Mühle am rauschenden Bach	58
Alles, was Odem hat	11	Es regnet	48
Auf, auf ihr Wandersleut	59	Es tanzt ein Bi-Ba-Butzemann	76
Auf der Eisenbahn	94	Es tönen die Lieder	39
Auf der schwäbsche Eisebahne	66	Es war eine Mutter	38
Auf einem Baum ein Kuckuck saß	25		
Auf unsrer Wiese gehet was	37	Frau Schwalbe ist'ne Schwätzerin	30
		Froh zu sein	17
Backe, backe Kuchen	20	Früh, wenn der Bock schreit	10
Bei einem Wirte wundermild	33	Fruh, des Morgens fruh	12
Bettelmanns Hochzeit	78	Fuchs, du hast die Gans gestohlen	24
Bim, bam, beier	36	Fünf Engelein haben g'sungen	6
Bin so froh vom Schlaf erwacht	7		
Bruder Jakob	5	Gretel, Pastetel	93
Brüderchen, komm tanz mit mir	93	Große Uhren gehen (Uhrenkanon)	79
Bunt sind schon die Wälder	48	Grün, grün, grün sind alle meine Kleider	80
		Guten Abend, gut' Nacht	106
C-a-f-f-e-e	22		
		Ha! há! ha!	18
Danket dem Herrn	6	Hab mein Wage vollgeladen	65
Das Fröschlein in dem Teiche hüpft	24	Hänschen klein	68
Das Wandern ist des Müllers Lust	56	Hänsel und Gretel	92
Der Frühling hat sich eingestellt	43	Häschen in der Grube	85
Der Jäger längs dem Weiher ging	69	Heißa, Kathreinerle	89
Der Kirschbaum	81	Hejo! Spannt den Wagen an	65
Der Kuckuck und der Esel	45	Heut ist ein Fest	38
Der Mai ist gekommen	46	Heut noch sind wir hier zu Haus	57
Der Mond ist aufgegangen	102	Himmel und Erde müssen vergehn	68
Der Schornsteinfeger	23	Himmelsau, licht und blau	96
Der Winter ist ein rechter Mann	49	Hört ihr die Drescher	32
Die Blümelein, sie schlafen	104	Hört, ihr Herrn	106
Die goldne Brücke	84	Hört ihr vom Turm	105
Die güldne Sonne	10	Hopp, hopp, hopp	19
Die helle Sonn leucht jetzt herfür	13		
Die Tiroler sind lustig	81	I fahr mit der Post	32
		Ich bin ein Musikante	84
Eia beia Wiegestroh	98	Ich ging im Walde so für mich hin	31
Eia popeia, was raschelt im Stroh	28	Im Frühtau zu Berge	55
Ein Jäger aus Kurpfalz	70	Im schönsten Wiesengrunde	61
Ein sehr harter Winter ist	52	In Gottes Namen fang ich an	14
Ein Vogel wollte Hochzeit machen	27	In meinem kleinen Apfel	49
Eine kleine Geige möcht ich haben	86	In Schnützelputz Häusel	74

Jetzt fängt das schöne Frühjahr an	40
Josef, lieber Josef mein	52
Kein Hälmlein wächst auf Erden	15
Kein schöner Land	95
Kindlein mein	99
Knusper, knusper, Knäuschen	22
Komm, lieber Mai	42
Kommt ein Vogel geflogen	26
Kuckuck, Kuckuck	41
Laterne, Laterne	87
Lobe den Herren	14
Lustig auf zum grünen Rasen	83
Lustig ist das Zigeunerleben	64
Mäh, Lämmchen, mäh	27
Mein Hut, der hat drei Ecken	28
Morgen, Kinder, wird's was geben	50
Morgen muß ich fort von hier	73
Morgens früh um sechs	9
Morgenstern der finstren Nacht	4
Müde bin ich, geh zur Ruh	105
Muß i denn, muß i denn	62
Nun ade, du mein lieb Heimatland	60
Nun ruhen alle Wälder	97
Nun will der Lenz uns grüßen	40
Nun wollen wir singen das Abendlied	96
O Tannenbaum	50
Pumpernickels Hänschen	29
Ringel, Ringel, Reihe	87
Ringlein, Ringlein, du mußt wandern	30
Schlaf, Kindchen, schlaf	108
Schlaf, mein Kind, schlaf ein	103
Schön ist die Welt	72
Schwarzbraun ist die Haselnuß	91
Singt dem Herren	5
Spannenlanger Hansel	88
Stehn zwei Stern' am hohen Himmel	108
Steht auf, ihr lieben Kinderlein	7
Stille, stille	98
Summ, summ, summ, Bienchen	35
Taler, Taler, du mußt wandern	77
Tanz, tanz Gretelein	90
Trara, das tönt wie Jagdgesang	35
Trarira, der Sommer, der ist da	47
Uhrenkanon	79
Viva, viva la Musica	75
Vöglein im hohen Baum	71
Wachet auf	3
Wachet auf, ruft uns die Stimme	8
Was macht der Fuhrmann	21
Weißt du, wieviel Sternlein stehen	100
Wem Gott will rechte Gunst erweisen	57
Wenn ich ein Vöglein wär	16
Wenn ich morgens früh aufstehe (Der Schornst.)	23
Wer die Gans gestohlen hat	23
Wer hat die schönsten Schäfchen	101
Wer nur den lieben Gott läßt walten	110
Wer recht in Freuden wandern will	54
Wer will fleißige Handwerker sehn	36
Widele, wedele (Bettelmanns Hochzeit)	78
Winter, ade	53
Wohlan, die Zeit ist kommen	63
Zeigt her eure Füßchen	82
Ziehet durch, ziehet durch (Die goldne Brücke)	84
Zwischen Berg und tiefem, tiefem Tal	34

Zu vielen dieser Lieder finden Sie eine Begleitstimme für Orffsche Instrumente.
Bei der musikalischen Bearbeitung ging es mir vor allem darum, Musikinteressierten und Erziehern mit möglichst einfachen und schnell erfaßbaren Anleitungen das Improvisieren mit diesen Instrumenten zu erleichtern. Sie sollen dabei aber Ihre Phantasie voll entfalten können.

Im Januar 1979   Sebastian Korn